Stephan Sigg

KEIN SCHMUTZ IN DER LUFT

camino.

Stephan Sigg

Kein Schmutz in der Luft

LENA reist UMWELTFREUNDLICH

Mit Bildern von Anna-Katharina Stahl

1. Auflage 2021

Ein camino.-Buch aus der

Illustration und Gesamtgestaltung: Anna-Katharina Stahl, Stuttgart
Hersteller gemäß ProdSG:
Druck und Bindung: Finidr s.r.o., Lípová 1965, 737 01 Český Těšín, Czech Republic
Verlag: Verlag Katholisches Bibelwerk GmbH, Deckerstraße 39, 70372 Stuttgart

www.bibelwerkverlag.de
ISBN 978-3-96157-137-6

Inhalt

Der riesige KOFFER

Das Bett schaukelte hin und her. Lena umklammerte die Bettdecke. Ihr kam es so vor, als ob sie mitten auf dem Meer in einem schweren Sturm wäre. Wenn ihr von dieser Schaukelei jetzt bloß nicht übel wurde! Sie schob den blauen Samtvorhang einen Spalt zur Seite und schielte aus dem Fenster. Zuerst sah sie den Mond. Er war fast rund und strahlte hell. Vor dem Fenster war nur Wasser. Der Bodensee! Waren sie schon da? Wie lange hatte sie geschlafen? Im Bett über ihr schlief ihre beste Freundin Hannah, im Bett gegenüber ihre Mama und oben Papa. Die schienen alle tief und fest zu schlummern. Warum bekamen sie den Krawall nicht mit? Sie schob den Vorhang noch etwas weiter auf. Jetzt begannen auch noch die Gleise laut zu knarren und zu quietschen. Kurz darauf ein Knall. Lena fuhr zusammen. Der Zug wackelte noch heftiger. War alles in Ordnung? Nicht, dass sie ... Warum wurden die anderen nicht wach? Lena blickte nach oben. Mamas Koffer! Das große Ding löste sich aus dem Netz und sauste direkt auf sie zu. Sie schrie …

«Aufstehen!», hörte sie Mamas Stimme. Eine Sekunde später wurde ihr das Kissen unter dem Kopf weggerissen.

Lena blinzelte. «Der Koffer …»

Mama blickte sie verwirrt an. «Alles okay?»

Lena sah sich um. Kein Nachtzug, kein Bodensee. Sie war zuhause in ihrem Bett. Sie hatte bloß geträumt. Mama kurbelte den Fensterladen hinauf. Lena blinzelte. War das hell! Sie setzte sich auf. Ihr Herz klopfte heftig.

«Ich habe geträumt, dass wir schon im Nachtzug zum Bodensee sind, unterwegs in die Ferien …», erzählte Lena.

Mama riss das Fenster auf.

Kühle Luft – tat das gut! Gestern hatte Lena kaum einschlafen können, so drückend heiß war es gewesen. Und dabei hatte sie abends nochmals eiskalt geduscht.

Mama drängte zur Eile. «Hast du deinen Wecker gar nicht gehört?»

Lena blickte auf die Uhr und erstarrte. Voll verschlafen! Und das einen Tag vor den Ferien! Heute

KAUFL

musste sie wirklich pünktlich sein. Herr Till hatte ihnen versprochen, dass heute nur eines auf dem Stundenplan stand: Quiz, Rätsel, Spiele. Sie flitzte aus dem Zimmer und rammte mit dem Knie etwas Hartes. Aua! Sie setzte sich auf den Boden und rieb sich das Knie. «Was ist denn das?» Sie sah sich das große Ungetüm genauer an.

«Mein Koffer», erklärte Lenas Mama.

«Aber der ist ja riesig ...» Was wollte Mama alles mitnehmen? «Wir machen doch keine Expedition nach Sibirien!» Sie fuhren nur für zwei Wochen an den Bodensee. Und das im Sommer. Da brauchte man doch nicht viel mehr als einen Badeanzug, Flipflops und ein bisschen Sonnencreme.

«Ich habe nur das Nötigste eingepackt», widersprach Mama. «Ich bin schon um fünf aufgestanden und habe angefangen. Hoffentlich habe ich nichts vergessen ...»

Lena seufzte. Mama hatte heute den ganzen Tag frei, da konnte sie den Koffer noch dreimal aus- und wieder einräumen. Sie fuhren ja erst am Abend los.

«Du hast noch nicht gepackt!», erinnerte Mama Lena.

Ja und? Das schaffte man doch in ein paar Minuten! Sie nahm nur ihren Rucksack mit. Und wenn er voll war, dann war er eben voll. Was sie auf keinen Fall vergessen durfte: den Malblock, die Buntstifte und die Mappe für die fertigen Zeichnungen.
Aber das hatte sie schon auf ihrem Schreibtisch bereit gelegt. In den Ferien hatte sie endlich mal Zeit, so viel und so oft zu zeichnen wie sie Lust hatte.
Aber da gab es noch viel mehr, auf das sie sich in den kommenden zwei Wochen freute:

- die ganze Zeit nur im Badeanzug herumlaufen
- im See baden
- Schokoeis essen, bis ihr schlecht wurde
- ganz lange aufbleiben
- mit dem Tretboot bis ans andere Seeufer fahren
- und eben: zeichnen, zeichnen, zeichnen …
- den Fröschen beim Quaken zuhören
- den Sternenhimmel betrachten (und auf Sternschnuppen warten)

Traumhafte Aussichten! Was hatte sie sich in den letzten Wochen auf die Ferien gefreut. Und morgen um diese Zeit waren sie schon am Bodensee!

Aber ein Gedanke ließ sie doch nicht los: «Schaukelt es wirklich so heftig im Nachtzug?» Wie sollte man denn da ein Auge zubekommen?
«Woher soll ich das wissen? Ich bin schon seit zwanzig Jahren nicht mehr mit dem Nachtzug gefahren.»
«Ich liege oben», sagte Lena. Da musste sie sich wenigstens nicht fürchten, dass plötzlich ein Koffer oder ein anderes Gepäckstück auf sie herunterknallte. Ihr fiel eine lustige Szene aus dem Traum ein und sie musste grinsen: «Papa hat echt witzig ausgesehen. Er trug einen grünen Ganzkörperpyjama mit einem Reißverschluss.»
Als ob er als Frosch einen Karnevalsumzug besuchen wollte!
«Oh!», sagte Mama erschrocken, «Papas Pyjama – den hätte ich fast vergessen!»
Lena grinste. Sie hatte Papa noch nie im Pyjama gesehen, aber wahrscheinlich gab es kein Pyjama-Modell, das so peinlich aussah wie die Mickey-Maus-Boxer-Shorts, die er sonst nachts immer trug.
«Du hast noch vierzig Minuten», riss Mama sie aus ihren Gedanken und sie klang dabei wie Herr Till,

wenn er bei einer Klausur den Countdown machte, «und du hast noch gar nicht geduscht.»
Mist, dachte Lena. Und schon hechtete sie ins Bad. «Und vergiss das Frühstück nicht!», rief ihr Mama hinterher. Wer war denn so blöd, am letzten Tag vor den Ferien zu spät in die Schule kommen? Das lohnte sich ja nicht einmal! War das nicht der beste Schultag des Jahres?

Felix'
SAFARI

Laut schnaufend erreichte Lena das Klassenzimmer. Und zwar gerade noch eine Sekunde bevor es klingelte. Doch ihre Klasse war so aufgedreht, dass noch niemand sie vermisst hatte. Nicht einmal ihrer besten Freundin Hannah war aufgefallen, dass sie noch nicht da war. Auch Herr Till war heute zappelig und lief im Zimmer auf und ab.

«Bonjour! Ça va?», begrüßte er die Kinder. Er hatte ihnen in den letzten Tagen schon mehrmals erzählt, dass er die Sommerferien in Frankreich verbringen würde. Und statt einem Hemd trug er heute ein T-Shirt – zum ersten Mal! Darauf war eine Ananas aufgedruckt.

Er war so gut gelaunt, dass er sogar Luisa erlaubte, mit ihrem Handy während des Unterrichts zu fotografieren.
«Für meine Verwandten in Portugal», erklärte sie, «ich will ihnen zeigen, wie es in meiner Schule aussieht.»
«Ihr fliegt nach Portugal?», rief Felix.
Luisa nickte: «Für drei Wochen! Ich habe meine Familie schon so lange nicht mehr gesehen.
Ich bin echt gespannt auf meine Cousinen!»
«Wir fliegen noch viel weiter», erklärte Felix, «wir machen eine Safari – in Südafrika!»
Die anderen schauten beeindruckt.
«Boah!», rief Nele, «da möchte ich auch gerne hin.
Du musst ganz viele Fotos für uns machen.»
«Besonders von den Nilpferden!», warf Sofia ein.
«Und dort ist es so richtig heiß. Vierzig Grad und mehr», wusste Felix.
Sofia verdrehte die Augen. «Oh! Ich würde die ganze Zeit nur am Strand liegen und Eistee schlürfen.»
Jetzt wollten alle von ihren Ferienplänen erzählen:
Sarah fuhr mit ihren Eltern auf einem Kreuzfahrtschiff übers Mittelmeer. «Das Schiff ist so groß wie eine ganze Stadt – da gibt es sogar ein Kino

und Geschäfte, in denen man einkaufen kann!»
Ein schwimmendes Einkaufszentrum?
Die anderen staunten.
Luca flog zu seinen Großeltern nach Italien. «Die haben ein Haus mit einem eigenen Swimmingpool. Meine Oma freut sich immer so, wenn wir da sind, dass sie uns rund um die Uhr bekocht.»
«Und ihr?», fragte Felix Lena.
«Wir fahren an den Bodensee!»
«Bodensee?», meinte Felix, «da bin ich mal als kleines Kind gewesen. Ist das nicht etwas öde dort?»
«Von wegen!», gab Lena zurück.
«Was kann man dort so machen?», wollte Peter wissen.
«Eine Menge», sagte Lena, «Baden, Radfahren ...»
Und natürlich zeichnen. Aber das behielt sie für sich.
«Mir würden da aber die wilden Tiere fehlen», meinte Felix.
«Wie lange müsste ihr fahren?», fragte Tina, «ist das nicht ziemlich weit?»
Felix schlug sich mit der Hand auf die Stirn. «Weit? Nach Südafrika ist es weit! Mehrere tausend Kilometer. Aber doch nicht an den Bodensee ...»

Lena zuckte mit den Schultern. «Es sind doch etwa zwölf Stunden.»
Tina schnitt eine Grimmasse. «So lange im Auto sitzen? Mir wird schon nach einer Stunde übel.»
«Mit dem Flugzeug ist man viel schneller», warf Felix ein, «und es ist viel aufregender. Auf den Autobahnen gibt es ständig Staus. Da steht man dann stundenlang rum.»
«Dafür muss man am Flughafen durch die ganzen Sicherheitschecks», wusste Hannah, die schon ein paar Mal geflogen war, «und das macht auch nicht wirklich Spaß.»
«Wir reisen mit dem Zug», stellte Lena klar, «und wir sitzen nicht, sondern wir liegen.»
Felix lachte laut: «Ihr legt euch in den Zug?»
«Wir reisen mit dem Nachtzug.»
Jetzt waren alle neugierig. So etwas hatte noch niemand gemacht.
«Die Züge haben aber auch oft Verspätung», meinte Felix, doch niemand hörte auf ihn.
«Im Zug übernachten?», fragte Tina, «wie geht denn das? Ist das nicht unbequem?»
So genau wusste es Lena auch nicht. Sie blickte hilfesuchend zu Hannah.

Doch diese zuckte nur mit den Schultern.
Lena hatte im Winter einen Krimi gelesen, der in einem Nachtzug gespielt hatte und jetzt konnte sie es kaum erwarten, auch mal mit dem Nachtzug zu reisen.
«Gibt es da auch Zimmer mit Bad, Fernseher und so?», wollte Luca wissen.
«Es ist einfach ein Abteil mit mehreren Betten statt mit Sesseln ...», sagte Lena. Die Reise mit dem Nachtzug machten sie wegen Mama und Papa.
Die hatten sich genau vor zwanzig Jahren in einem Nachtzug nach Moskau kennengelernt.
Und dieses Jubiläum wollten sie jetzt feiern. Doch

nach Moskau wollten ihre Eltern erst, wenn Lena etwas älter war. Aber neben dem Nachtzug gab es noch ein anderes Highlight: Hannah begleitete sie! Die anderen waren total baff, als sie davon erfuhren, und sahen Hannah überrascht an.

«Ihr verbringt den Urlaub zu zweit?», fragte Felix, «du fährst mit Lena an den Bodensee?»

Hannah nickte und zwinkerte Lena zu. Gerade deshalb freute sie sich so auf die kommenden Wochen. Die Ferien konnten noch so aufregend sein, zwischendurch wurde es dann doch etwas öde, wenn man so viele Wochen lang auf die beste Freundin verzichten musste. Aber in diesem Sommer blieb ihr dieses Problem erspart. Zum Glück war es Lena gelungen, gleich vier Erwachsene zu überreden – ihre Eltern und Hannahs Eltern.

«Das Geschäft meiner Eltern bleibt im Sommer offen und deshalb können sie nicht weg», erklärte Hannah.

«Du hättest wohl besser mich gefragt!», meinte Felix. «Auf einer Safari erlebt man viel mehr als am Bodensee.»

Als ob Hannah scharf darauf wäre, ihre Ferien mit Felix zu verbringen!

«Ist doch cool, mal mit dem Nachtzug zu reisen», erwiderte Hannah, «du machst es dir gemütlich und schlummerst. Und wenn du morgens aufwachst, bist du an einem ganz anderen Ort.»
«Aber im Flugzeug ...», setzte Felix an.
Flugzeug, Südafrika und die Safari – langsam ging einem das auf die Nerven! «So genial ist das auch wieder nicht», zischte Lena, «und unsere Nachbarin hat gesagt, dass ...»
Doch da räusperte sich Herr Till und rief: «Attention! Attention!» Er wartete, bis es ganz still war, bevor er fortfuhr. «Wie an jedem letzten Schultag wollen wir noch ein Klassenfoto machen.»
Mist, daran hatte Lena gar nicht gedacht. Etwas ratlos betrachtete sie ihr knallrotes T-Shirt. Warum hatte sie nicht eine unauffälligere Farbe angezogen?

Als Lena am Mittag nach Hause kam, öffnete sie vorsichtig die Wohnungstür. Gut möglich, dass Mama inzwischen den ganzen Flur mit Koffern und Reisetaschen vollgeräumt hatte. Doch Fehlalarm.
«Du kommst gerade rechtzeitig», rief Mama aus

der Küche. Sie hatte Besuch: Ihre Nachbarin stand neben dem Kühlschrank.
«Hallo Renata», rief Lena erfreut.
Die Nachbarin war mit Molly da. Der Hund kläffte erfreut, als er Lena sah.
«Ich erkläre ihr gerade, wie viel Wasser welche Blumen und Kräuter benötigen», erzählte Mama.
Als ob das Renata nicht selber ganz genau wusste! Sie wohnte im Haus gegenüber und hatte einen großen Garten. Sie wollte während den Ferien auf die Wohnung von Lenas Familie aufpassen.
«Ich beneide euch ja so», sagte Renata, «ich war schon so lange nicht mehr am Bodensee.»
Lena seufzte. War es am Bodensee wirklich so toll, wie sie sich das vorstellte? «Du hättest mal die Kinder in der Schule hören sollen. Die haben alle ziemlich geprahlt: Portugal, Kreuzfahrt, Safari in Südafrika ...»
«Und wie umweltfreundlich sind solche Reisen? Daran denkt gar niemand», erwiderte die Nachbarin. «Reisen mit dem Zug sind viel gemütlicher. Keiner denkt an die ganzen Abgase, die die Flugzeuge produzieren. Und meistens bekommen die Leute sowieso fast nichts vom Land mit. Sie sitzen

nur im Hotel rum und futtern Pizza und Spaghetti.» «Das ist doch lecker», sagte Lena.

Renata schüttelte den Kopf: «Eher ziemlich öde. Das kann man doch überall essen und es schmeckt auf der ganzen Welt fast gleich. Ist es nicht viel spannender, Speisen zu essen, die für den Urlaubsort typisch sind? So lernt man auch noch etwas Neues kennen.»

Lenas Mama lachte. «Dann hätten wir eine Reise nach Griechenland buchen sollen. Ich liebe Tzatziki!»

Lena schnitt eine Grimasse. Seit einiger Zeit fuhr ihre Mama total darauf ab. Ständig aß sie das!

«Am Bodensee gibt es auch leckere Köstlichkeiten, und zwar jede Menge.»

«Und warum kommst du nicht einfach mit?», fragte Lena.

«Das habe ich euch doch schon gesagt: Im Sommer bin ich am liebsten zuhause in meinem Garten. Den kann ich nicht einfach alleine lassen.» Sie deutete auf den großen Koffer. «Was nehmt ihr denn alles mit?»

«Nur das Nötigste», murmelte Mama, «und natürlich ein paar Krimis. Endlich habe ich Zeit zum Lesen! Darauf freue ich mich am meisten.»

Prima, dachte Lena, Mama und Krimis waren eine super Kombination. Wenn sie las, war sie in einer anderen Welt. Da hätte man direkt neben ihr ein Rock-Konzert veranstalten können und sie hätte nichts mitbekommen. Jetzt musste sie nur noch Papa beibringen, dass niemand Lust auf seine Besichtigungstouren hatte. Er meinte immer, er müsste die ganze Familie in den Ferien ständig von einer Besichtigung zur nächsten mitnehmen. Und da textete er dann Lena nonstop mit so vielen Informationen zu, dass ihr meistens schon nach einer halben Stunde schwindlig war.

KATZEN im Dunkeln

Hannahs Eltern begleiteten sie an den Bahnhof. «Und es macht dir wirklich nichts aus, ohne uns zu fahren?», fragte Hannahs Mama, während sie einen Parkplatz suchten. «Das hast du ja noch nie gemacht.»

Hannah schüttelte den Kopf. «Lena ist doch dabei!»

Sie waren viel zu früh am Bahnhof. Ihr Wagen befand sich fast ganz vorne bei der Lokomotive. Lenas Mama lief voran. Sie zog ihren Koffer so rasant über den Bahnsteig, dass die anderen kaum hinterherkamen.

«Nicht so schnell!», schnaufte Lena. Als sie den Wagen endlich erreicht hatte, drängten sie und Hannah sich an Lenas Mama vorbei und suchten ihr Abteil.

«Etwas eng», meinte Hannah, «aber total gemütlich.»

Lenas Mama blieb mit dem Koffer beinahe in der Tür stecken, so groß war er. Sie musterte das Abteil neugierig: «Damals war es ganz anders.» Da hatte sie in einem 6er-Abteil übernachtet.

«Und wie genau habt ihr euch denn kennengelernt?», wollte Hannah wissen. Lena schnitt eine Grimasse. Das war bestimmt eine total peinliche Geschichte.

6
IC
21:14
Bodensee-
2
Nac
tzug

Demonstrativ warf sie ihre Zeichnungsmappe auf auf das linke der beiden oberen Betten. «Hannah und ich schlafen oben«, erklärte sie. Falls sie nicht schlafen konnte, würde sie einfach ein bisschen zeichnen.

Endlich setzte sich der Zug in Bewegung. Alle drückten sich ans Fenster und winkten Hannahs Eltern, bis sie nicht mehr zu sehen waren.
«Ich lege mich schon mal hin», sagte Lenas Mama und streifte ihren Jogginganzug ab. Darunter trug sie bereits ihren Pyjama.
Lena und Hannah grinsten sich an.
Zugfahren im Pyjama!

«Gute Nacht!», rief Papa, als er das Licht ausmachte. Von wegen! Lena war so was von wach. Das lag aber nicht am Wagen. Es war echt aufregend, nachts in einem Schlafwagen durch das Land zu fahren, überhaupt nicht so wie am Tag. Es gab so viel zu sehen: Straßenlaternen, erleuchtete Häuser, bunte Lichter von Reklame-Schildern ... Und die Bahnhöfe, durch die sie sausten, waren gespenstisch leer. Weit und breit kein Mensch. Nur ab und zu eine

Katze, die durch die verlassenen Straßen schlich. Am liebsten hätte Lena die ganze Nacht aus dem Fenster gestarrt.
Aber Mama zog den Vorhang zu. «Ich habe echt keine Lust, dass mich die anderen im Pyjama sehen.»
Lena kuschelte sich in ihr Kissen. Sie war so richtig glücklich.

Am Morgen saßen Lena und Hannah nebeneinander auf dem oberen Bett und ließen die Beine baumeln. Sie beobachteten neugierig die Landschaft, die vor dem Fenster vorbeizog: Wiesen, auf denen Kühe grasten und Ponys herumhüpften, zwischendurch immer wieder mal ein paar Radfahrer und ganz weit hinten auf einem Hügel eine Burg. Spannender als im Kino!
Es klopfte an der Tür. Der Schaffner streckte den Kopf herein und reichte ihnen zwei Tabletts: das Frühstück.
Lena biss sofort in ein Hörnchen.
«Das hat zwischendurch ziemlich geschüttelt», sagte Mama, nachdem sie einen Schluck Kaffee getrunken hatte. Sie gähnte. «Ich bin mehrmals aufgewacht.» Sie sah noch ziemlich k.o. aus.

girl

«Wenn wir dort sind, gehen wir sofort baden», freute sich Lena.
«Und Eis essen!», ergänzte Hannah.
Lenas Mama verzog das Gesicht. «Aber doch nicht schon am Vormittag. Zuerst checken wir in die Pension ein und machen uns auf dem Zimmer etwas frisch.»
«Heute schauen wir uns Lindau an», sagte Papa, «die Altstadt ist ein absolutes Schmuckstück.»
In den Lautsprechern knackte es. Der Schaffner kündigte die letzte Station an. Dort mussten sie auf eine Regionalbahn umsteigen. Und dann wären sie endlich am Bodensee. Schnell machte sich Lenas Mama daran, ihren riesigen Koffer von der Ablage zu wuchten. Lena verdrückte sich in die hinterste Ecke ihres Bettes. Sie hatte ihren Traum noch zu sehr im Kopf ...

Der Bahnhof befand sich mitten auf der Insel. Sie machten sich zu Fuß auf den Weg zur Pension. Mamas zog ihren Koffer über das Kopfsteinpflaster. Sie hatte zwar schon vor ein paar Tagen die Karte auswendig gelernt. Trotzdem blieb sie alle paar Meter stehen, nahm die Sonnenbrille ab und prüfte

auf ihrem Handy, ob sie richtig waren. So hatten Lena und Hannah wenigstens Zeit, die Umgebung genauer anzuschauen. Die Häuser waren alle schon älter, aber total schön restauriert, wie in einem Märchenbuch. Am Hafen war viel los. Ein großes Ausflugsschiff legte gerade ab und tutete laut.
Eine Fahne flatterte im Wind.
«Die Schweizer Flagge», erklärte Lenas Papa. Auf den anderen Schiffen entdeckten sie noch weitere: zweimal die Österreichische und dreimal die Deutsche.

Besonders gefielen Lena die Möwen mit ihrem orangefarbenen Schnabel. Sie waren überall, sie flogen kreuz und quer durch die Luft und kreischten vergnügt. Manche chillten auf der Hafenmauer, andere saßen auf den Dächern der Ausflugsschiffe oder den Markisen der Hotels, die direkt am Ufer standen. Von dort beobachteten sie die Touristen neugierig. Was ihnen wohl durch den Kopf ging? Am liebsten hätte sie gleich ihre Buntstifte ausgepackt und eine Zeichnung von ihnen gemacht. Aber Mama drängte zur Eile. «Lena, wo bleibst du?»

«Willst du mir nicht deinen Koffer geben?», fragte Papa Mama immer wieder. Doch diese schüttelte den Kopf.

«Hier ist es!», rief Lenas Mama ein paar Minuten später. Sie wischte sich mit der Hand den Schweiß aus der Stirn.

Auch Lena war total verschwitzt. Hier war es viel wärmer als bei ihnen zuhause. Und dabei war es noch nicht mal Mittag.

«Und das sind noch nicht vierzig Grad, so wie bei Felix!», meinte Hannah, «eines begreife ich immer noch nicht: Wie hält man so etwas aus?»

Lenas Mama nahm die Sonnenbrille ab. Sie kontrollierte noch einmal auf dem Handy die Adresse. Auf ihrer Stirn bildeten sich dicke Runzeln.

«Sind wir richtig?», fragte Papa.

Auch Lena war verwirrt. Sollten sie tatsächlich hier übernachten? Was war denn das für eine merkwürdige Pension?

VILLA
Kunterbunt
PENSION
PENSION

«Das sieht aber gar nicht so aus wie auf den Fotos», sagte Lena. Sie hatte sich zuhause die Fotos auf der Website angeschaut und abgezeichnet. Da hatte es nach einer unspektakulären, etwas älteren Pension ausgesehen. Aber das Gebäude, vor dem sie standen, erinnerte sie eher an die Villa Kunterbunt. Es hatte zwei Stockwerke.

«Die Fenster haben ja gar keine Scheiben», stellte Hannah fest.

Ja, sie waren nur mit Plastik abgedeckt.

Direkt neben dem Eingang stand ein Wagen mit der Aufschrift: RENOVATIONEN – SANIERUNGEN.

Das Haus war von einem Baugerüst umzingelt.

Und was hatte die Schuttmulde im Garten verloren?

Auf dem Dach war gerade ein junger Mann damit beschäftigt, die Ziegel zu entfernen.

Mama drückte auf die Klingel.

Niemand reagierte. Aber aus dem Innern war das Kreischen einer Säge zu hören.

«Hallo?», rief Papa.

Befand sich der Eingang hinten?

Lena und Hanna folgten dem Trampelpfad, der an der Mulde vorbeiführte, und landeten hinter dem Haus.

Auch auf der Rückseite fehlten die Fensterscheiben.

Lena schob bei einem Fenster die Plastikverdeckung zur Seite.
Der Speisesaal ... Aber aß man hier am Boden?
Es gab keine Tische und Stühle.
«Und weit und breit keine Gäste», fiel es Hannah auf, «sind wir die einzigen?»
«Lena!», rief Lenas Papa.
Die Mädchen flitzten wieder nach vorne.

Lenas Mama unterhielt sich mit einer Dame, die sich aus einem Fenster im ersten Stock lehnte.
Sie hatte lange blonde Locken.
«Das ist Frau Schmitz», erklärte Papa ihnen, «die Inhaberin der Pension.»
«Wir haben zwei Zimmer gebucht», erklärte Lenas Mama, «wir würden gerne einchecken.»
Jetzt runzelte die Dame die Stirn. «Wir haben momentan wegen Renovation geschlossen.»
«Was?», entfuhr es Lenas Mama, «das kann nicht sein.»
«Wir öffnen erst in drei Wochen», erklärte Frau Schmitz, «die Handwerker müssen sich bis dahin noch ordentlich ins Zeug legen.»
«Aber ich habe eine Buchungsbestätigung!», beharrte Lenas Mama.

Frau Schmitz sah Mama an, als würde sie Chinesisch sprechen.
Mama klickte auf ihrem Handy herum. «Heute ist doch der 3. ...» Jetzt wurde sie weiß im Gesicht. Dann sagte sie nichts mehr. 
Papa nahm ihr das Handy aus der Hand. Er las die Mail, kurz darauf prustete er los.
«Was ist?», fragte Lena.
Papa hielt sich den Bauch, so fest musste er lachen.
«Mama hat für nächstes Jahr gebucht! Wir sind ein Jahr zu früh.»
«Was?», entfuhr es Hannah und blickte zwischen den beiden Erwachsenen ungläubig hin und her. Meinten die das ernst?

«Ich verstehe das nicht», sagte Mama, «so etwas ist mir noch nie passiert. Ich muss eine falsche Taste erwischt haben.» Es war ihr deutlich anzusehen, dass sie am liebsten im Boden versunken wäre.

«Tut mir leid, aber ich kann Ihnen kein Zimmer anbieten, das Haus ist eine einzige Baustelle.»

«Aber wo sollen wir denn jetzt übernachten?», murmelte Lenas Mama und setzte sich auf ihren Koffer. «Sie können uns doch nicht einfach auf der Straße stehen lassen.»

«Keine Panik, das lässt sich bestimmt klären», machte Papa Mama Mut und wandte sich an Frau Schmitz: «Gibt es noch andere Pensionen in der Nähe?»

Die Dame seufzte. «Keine Chance, die sind alle ausgebucht.» Sie dachte kurz nach. «Wir haben vor zwei Tagen den Keller entrümpelt. Da sind zwei alte Zelte aufgetaucht. Die kann ich euch ausleihen.»

Ferien im Zelt? Wie abgefahren! Davon träumte Lena schon lange. Richtige Abenteuerferien. Vielleicht konnten sie das Zelt am See aufstellen und zwar direkt am Wasser. So konnte sie am Morgen direkt aus dem Zelt ins Wasser springen –

zack und schon war sie im kühlen Nass! Und in der Nacht konnten sie den Sternenhimmel betrachten. Und vielleicht wurden sie am Morgen vom Quaken der Frösche und der Enten geweckt. Das war sicher total schön.

Doch Lenas Mama schüttelte es am ganzen Körper.

«Zelt?», rief sie fassungslos.

«Ist doch nicht so schlimm!», sagte Lena, «mal etwas Anderes ...»

Aber ihre Mama blickte nur hilfesuchend zu Frau Schmitz. «Es gibt bestimmt irgendwo noch eine Pension, in der wir unterkommen können?»

Doch diese zuckte mit den Schultern. «Es sind Sommerferien. Und in diesem Jahr wollen besonders viele Urlaub am Bodensee machen. Deshalb bauen wir um. Wir vergrößern unser Haus, damit wir mehr Platz haben.»

Lenas Mama vergrub das Gesicht in ihren Händen.

«Eine Nacht im Zelt ist doch nur halb so wild und erst recht bei dieser Hitze!», meinte Papa, «Das ist vielleicht sogar noch angenehmer als in einem stickigen Zimmer und bis morgen finden wir eine Alternative ...»

Lenas Mama schien in Gedanken ganz woanders

zu sein. Was ging ihr durch den Kopf? Überlegte sie sich, was alles passieren konnte, wenn man die Nacht im Zelt verbrachte?
«Wir sind so weit gereist und jetzt sollen wir gleich wieder zurück?», sagte Lena. «Das wäre ja komplett verrückt! Mir macht es nichts aus, im Zelt zu übernachten. Camping ist doch cool.»
«Finde ich auch!», ergänzte Hannah.
Lenas Mama sah Papa, Lena und Hannah der Reihe nach an.
Lena hatte eine Idee: «Es ist doch keine große Sache, es einfach mal auszuprobieren. So wie damals mit meinem Vorschlag, plastikfrei zu leben ... Was hast du dich zuerst gegen das Experiment gewehrt.» Und kaum hatten sie losgelegt, hatte sie selber angefangen, Alternativen zum Plastik auszuprobieren.
«Das ist doch etwas ganz Anderes», widersprach Lenas Mama. Aber offensichtlich begriff sie selbst, dass es jetzt nur zwei Möglichkeiten gab: Entweder sie fuhren wieder nach Hause oder sie verbrachten eine Nacht im Zelt. «Was sollen wir sonst machen?», gab sie sich einen Ruck, aber ergänzte sogleich: «Nur für eine Nacht! Ihr stellt die Zelte auf

und ich frage inzwischen herum, ob es nicht doch noch ein Zimmer gibt. Rund um den Bodensee gibt es so viele Ortschaften, da muss doch irgendwo Platz sein.»

Die Mädchen jubelten. Die Ferien konnten beginnen!

Der Zeltplatz lag direkt am See. Lena wäre am liebsten gleich ins Wasser gesprungen, aber Papa bestand darauf, dass sie sich zuerst um die Zelte kümmerten. Bei den Büschen war gerade noch ein Stück Wiese frei, auf dem zwei Zelte Platz hatten.
Sie teilten sich auf: Papa baute das erste Zelt auf, Lena und Hannah das zweite. Mama setzte sich auf eine Bank, um ungestört auf ihrem Handy nach Unterkünften in der Umgebung zu suchen.
Zum Glück war Papa mal Pfadfinder gewesen und kannte sich mit Zelten aus. Lena hatte sich das viel einfacher vorgestellt.
«Wir müssen zuerst die Planen ausbreiten», erklärte Hannah.
Wozu waren die vielen Schnüre gut?
«Reichst du mir die Heringe?», rief Papa.
«Ähm?», machte Lena. Sie hatten doch gar keine Fische dabei ... Erst als Papa auf die Metallstöpsel zeigte, begriff sie, was er meinte. Während er sie nebeneinander ausbreitete, griff Lena nach den Stangen. Wie schraubte man die zusammen?
«Autsch!» Sie ließ die Stangen fallen und schlug mit der linken Hand die rechte. Zu spät. Schon bildete sich auf ihrem Handrücken eine rote Pustel.

«Eine riesige Mücke! Sie hat mich gestochen!» Und gleich darauf hörte sie es schon wieder surren – die nächste Mücke tauchte auf. Was war denn hier los? Sie kam kaum vorwärts mit dem Aufbau des Zeltes. Immer wieder wurde sie irgendwo von einer Mücke attackiert: An ihren Waden, zwischen ihren Fingern, eine wollte sie sogar an ihrem Ohr stechen. Und es war doppelt fies: Denn auf Hannahs Blut schienen sie keinen Appetit zu haben – die ließen sie in Ruhe.
«Wir gehen nachher gleich in die Apotheke und kaufen ein Anti-Mücken-Spray», sagte Papa.
Doch Hannah blickte böse: «Du willst mit Giften die Umwelt verpesten? Die Mücken haben doch auch ein Recht auf Leben.»
Lena seufzte. Hannah beschäftigte sich seit einiger Zeit extrem mit dem Tierschutz. Bisher war sie mit ihren Ideen und Wünschen auch immer einverstanden gewesen. «Wenn die Mücken nichts besseres zu tun haben als mir das Leben schwer zu machen ...», jammerte Lena.

Endlich standen die beiden Zelte. Lena betrachtete sie stolz. Das Zelt, in dem sie und Hannah übernachten würden, stand etwas schräg, aber es schien stabil zu sein. Jetzt mussten sie nur noch die Isomatten und Schlafsäcke, die ihnen die Frau von der Pension auch noch ausgeliehen hatte, ausbreiten.

«Ich gehe nachher noch einkaufen», sagte Papa, «wir brauchen unbedingt ein paar Lebensmittel, einen Campingkocher und eine Taschenlampe.»

Mama saß noch immer auf der Bank und sah nicht glücklich aus. «Alles ausgebucht», sagte sie, «rund um den ganzen Bodensee – sogar in Österreich und in der Schweiz. So ein Mist.» Das einzige, was sie gefunden hatte: Schlafplätze in einem Stall. Doch Papa war allergisch auf Stroh.

«Das geht auf gar keinen Fall», sagte er, «da muss ich nonstop niesen und meine Nase wird knallrot.» Er nahm Mama in den Arm. «Jetzt entspannen wir uns erst einmal. Vielleicht tut sich dann doch noch eine Lösung auf. Du musst dir die Zelte anschauen, die sind echt gemütlich.» Und wenn man vor dem Zelt saß, hatte man einen super Ausblick auf den See und die Berge am anderen Ufer.

Lena verkroch sich ins Zelt, um endlich den Badeanzug anzuziehen. Sie würde heute gleich den ganzen Tag im Wasser bleiben.
«Seid ihr neu?», hörte sie jemanden sagen. Sie streckte den Kopf zum Zelt hinaus.
Ein Junge mit einer blauen Mütze stand draußen und unterhielt sich mit Hannah. Der Junge hieß Paul und kam aus Wien. Seine Mutter und er verbrachten jeden Sommer die Ferien auf diesem Zeltplatz. «Ist immer wieder genial hier. Man kann hier Leute von überall kennenlernen. Es wird einem nie langweilig. Alle sind den ganzen Tag draußen, man findet immer wieder jemanden zum Spielen.»
«Für uns ist es das erste Mal», sagte Lena und erzählte, warum sie auf dem Campingplatz gelandet waren. «Wenn es nach mir gegangen wäre, hätten wir das schon lange mal gemacht!»
Paul nickte. «Hier ist es viel entspannter als im Hotel: Man ist immer an der frischen Luft und man muss nicht stundenlang im Restaurant am Tisch sitzen, ohne dass man einen Pieps von sich geben darf.»
Lena kannte das. Wenn ihre Eltern mit ihr irgendwo essen gingen, war Mama immer total

angespannt und hatte Angst, dass Lena zu laut schmatzte oder mit dem Stuhl schaukelte.
«Ich zeige euch am besten gleich alles», meinte Paul, «wir machen einen Rundgang, dann könnt ihr alle kennenlernen.»
Lena deutete auf ihren Badeanzug. «Ich wollte gerade ins Wasser. Können wir das nicht auch später machen?»
«Geht doch nicht lange», meinte Hannah, «und mich interessiert das wirklich.»
«Na schön», gab sich Lena einen Ruck und folgte den beiden.
Paul führte sie zuerst zu einem großen Zelt, das direkt am Ufer stand. Es hatte sogar eine Art

Vordach. Hier saßen Lillie und Marie auf weißen Plastikstühlen und spielten miteinander Karten. Die beiden sahen genau gleich aus – Zwillinge. Ihre Eltern waren gerade spazieren. «Wir sind aus München», sagte Marie und ihre Schwester fragte: «Wollt ihr mit uns Karten spielen?»
Doch Paul winkte ab. «Zuerst müssen sie die anderen Camper kennenlernen.»
Bei den nächsten beiden Zelten war niemand. «Die sind wahrscheinlich wieder auf einer Fahrradtour», meinte Paul, «die machen Sportferien.»
Ganz hinten bei den Bäumen stand ein uralter Wohnwagen. Er gehörte der Familie Bernard. «Bonjour! Comment ça va?», rief Hannah.
Als Lena sie irritiert ansah, zeigte sie auf das Nummernschild. «Die sind aus Frankreich.» Familie Bernard hatte vier Kinder. Leider sprach niemand von ihnen Deutsch – und Herr Till hatte Lena und Hannah Französisch noch nicht beigebracht. Deshalb hielten sie sich dort nicht lange auf. Dafür trafen Paul, Lena und Hannah als nächstes ein älteres Ehepaar, das die beiden Mädchen sofort ausquetschte: «Was für ein Zelt habt ihr?», «Wie lange seid ihr unterwegs gewesen?», «Wie

lange bleibt ihr?» Doch offensichtlich waren den beiden die Antworten gar nicht so wichtig, denn die Frau plapperte sofort weiter: «Wir haben unsere Instrumente dabei. Abends machen wir immer Musik und sorgen für gute Laune.»
Ihr Mann nickte und ergänzte: «Und an jedem zweiten Abend ist Wunschkonzert.» Die beiden wohnten in einem Tipi-Zelt. Es überragte die anderen Zelte um mehrere Meter.
Paul kannte wirklich alle. Bei fast jedem Zelt oder Wohnwagen fing er an, eine irre Geschichte zu erzählen. Er zeigte zu einem grauen Zelt, das wie ein Iglu aussah. «Hier wohnt eine Frau, die ist schon mal quer durch den Bodensee geschwommen – dafür hat sie fast einen ganzen Tag benötigt!»
Hannah staunte und meinte grinsend: «Die hat bestimmt total dicke Oberarme!» Nicht weit vom Iglu-Zelt hatte jemand zwischen zwei Bäume eine Hängematte aufgehängt. «Die gehört Richard», wusste Paul, «der ist mit seinem Schäferhund hier. Und der passt immer ganz gut auf, dass niemand der Hängematte zu nahekommt.» Aber momentan schienen sie unterwegs zu sein.

«Wisst ihr, was das Schönste am Campen ist?», fragte Paul, als sie wieder beim Zelt von Lena und Hannah waren, «wenn du ein Problem hast, findest du hier immer jemanden, der dir hilft. Auf dem Campingplatz halten alle fest zusammen.»
Jetzt wollte Lena so schnell wie möglich ins Wasser.
«Ich komme später nach», meinte Hannah, «ich muss vorher noch kurz Mama anrufen und erzählen, was wir schon für irre Dinge erlebt haben..»

Der See war überhaupt nicht tief. Lena musste lange durch das Wasser waten, bis es ihr endlich bis zu den Knien reichte. Links von ihr planschte eine Mutter mit ihren beiden kleinen Kindern. Lena konnte ihre Sprache nicht verstehen, aber sie jauchzten vergnügt. Am Horizont war ein Segelboot zu sehen. Lena hielt die Luft an und tauchte unter. War das erfrischend! Genau darauf hatte sie sich seit Wochen gefreut.
Später machten sie es sich vor ihren Zelten gemütlich und betrachteten zu viert den Sonnenuntergang. Der Himmel leuchtete rot.
Ein großes Schiff fuhr vorbei. Es war zwar weit von ihnen entfernt, aber Lena war sich hundertprozentig sicher: Die Leute winkten ihnen!
Davon musste sie gleich morgen eine Zeichnung machen!
Keiner sprach ein Wort. Alle waren total glücklich und beeindruckt.
Ferien am Bodensee mit Mama, Papa und Hannah – so was von genial! Lena dachte über ihren ersten Ferientag nach. Obwohl sie gerade erst angekommen waren, hatten sie schon neue Freunde gefunden. Und schon so viel erlebt! Wer muss

denn da nach Südafrika, auf ein Kreuzfahrtschiff oder ans Mittelmeer?

PAULS peinliche Fotos

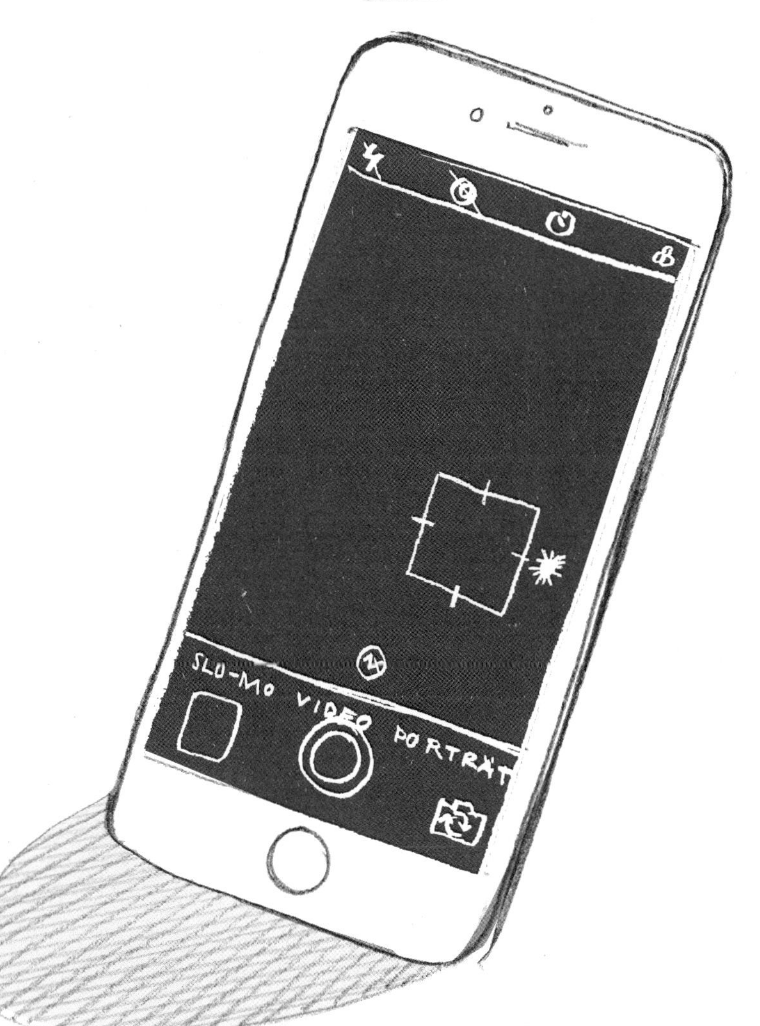

Als Lena wach wurde, saß Papa vor seinem Zelt. Sein Kopf war knallrot.
«Das war wohl etwas zu viel Sonne gestern», meinte er zerknirscht. Er hatte bereits in der Bäckerei frisches Brot geholt und eine Thermoskanne mit heißem Kakao und eine mit Kaffee auffüllen lassen. Kurz darauf kroch auch Lenas Mama aus dem Zelt.
«Gut geschlafen?», fragte Lena.
«Ganz okay.»
«Sie hat gelesen, bis ihr die Augen zugefallen sind», verriet Papa und grinste, «zum Glück habe ich gestern noch eine Taschenlampe gekauft.»
Kaum hatte Mama ein, zwei Schlucke Kaffee getrunken, griff sie auch schon wieder nach ihrem Krimi. Absolut perfekt, dachte Lena, definitiv viel besser, als wenn sie wild in der Gegend herumtelefonierte, um eine Unterkunft zu finden.
Papa schien Gedanken lesen zu können, denn er sagte: «Die Nacht im Zelt war doch nicht so schlimm, wie Mama gedacht hatte. Sie hat tief und fest

geschlummert. Nicht einmal das Käuzchen hat sie gehört.»
«Das Käuzchen?», fragte Lena. Auch sie hatte es nicht mitbekommen.
Papa machte es nach: «Hu-hu-huu.»
Davon wurde auch Hannah wach. Verwirrt steckte sie ihren Kopf aus dem Zelt. «Was ist denn hier los?» Dann roch sie den Kakao und ihr Gesicht hellte sich auf.
Die beiden betrachteten den See und atmeten die Luft tief ein. Sie schmeckte ganz anders als bei ihnen zuhause.
«Das sind die Algen», meinte Papa.
«Was machen wir heute?», fragte Hannah.
Aber das war ja klar, oder?
«Gleich hier in der Nähe gibt es ein Fischermuseum», hatte Papa herausgefunden, aber Lena hatte eine ganz andere Idee: «Tretboot fahren!»
Doch darauf hatte Papa keine Lust. «Heute sollte ich wirklich nicht in die Sonne.»
«Ein Tropfen!», rief Hannah und sah überrascht nach oben.
Tatsächlich – es begann zu regnen. Erst jetzt fiel Lena die schwarze Wolke über dem See auf. Zuerst

waren es nur vereinzelte Tropfen, doch schnell wurden es immer mehr. Jetzt spürte auch Lena sie auf ihrem Körper – auf ihren Schultern, auf ihren Zehen, in ihrem Haar.
Ein paar Augenblicke später war die Sonne weg.
Es war fast so düster wie an einem Novembertag.
Auch die anderen Menschen auf dem Campingplatz wurden unruhig. Einige blickten besorgt nach oben, andere sammelten hektisch die Wäsche ein, die sie zum Trocknen aufgehängt hatten.
Lena beobachtete den See. Er hatte eine ganz andere Farbe als gestern. Eher gräulich als blau.
Niemand war im Wasser und es waren auch keine Segelboote unterwegs. Hohe Wellen klatschten ans Ufer.
«Der perfekte Tag für einen Museumsbesuch», sagte Papa.
«Ach was!», erwiderte Lena, «es hört gleich wieder auf.» Bestimmt trieb der Wind die Wolken weiter und schon in einer Stunde war der Himmel wieder blau. Doch sie hatte Gänsehaut, es fröstelte sie.
Sie kroch ins Zelt und streifte sich ein T-Shirt über.
Auch Hannah kam ins Zelt. Sie zog den Reißverschluss der Zelttür nach oben. «Irgendwie finde

ich das gemütlich: den Tropfen zuhören, wie sie auf das Zeltdach klopfen.»
Doch nicht lange und der Regen prasselte auf das Zeltdach, so laut, dass Lena fast kein Wort mehr verstand. Hoffentlich hatte das Zelt kein Loch! Und was, wenn plötzlich die Wellen noch mehr Wasser ans Ufer spülten? Zum Glück stand das Zelt nicht direkt am Wasser.
«Das geht wohl länger», rief Papa aus dem anderen Zelt herüber, «die Aussichten in der Wetter-App klingen nicht gerade toll: Regen für die nächsten Tage.»
Regen in den Ferien? Das war einfach ein Mist. Erstaunlicherweise gab Mama keinen Pieps von sich. Der Krimi musste echt krass sein, dass nicht einmal ein Unwetter sie ablenkte.
Na prima, dachte Lena, nichts mit Baden, nichts mit Eis essen, es war total kühl und düster. Irgendwie hatte sie sich den Urlaub hier anders vorgestellt. Zuhause hätte sie sich auf ihr Zimmer verzogen und gezeichnet. Das half ihr immer, wenn sie sich beruhigen wollte. Aber hier? Hier war man nicht einmal für ein paar Augenblicke alleine. Und im Zelt zeichnen? Sie brauchte Ruhe, um richtig in ihre Fantasie einzutauchen.

Hannah gähnte. Ihr wurde bereits langweilig. «So prickelnd ist das jetzt auch wieder nicht. Die ganze Zeit im Zelt sitzen ...» Sie griff nach ihrem Handy. «Was wohl Felix und die anderen gerade machen? Sarah zieht sich jetzt sicher im Kino des Kreuzfahrtschiffes einen spannenden Film rein.»
«Was soll daran so spannend sein?», gab Lena patzig zurück. Sie rieb die roten Pusteln, die die Mücken auf ihren Armen hinterlassen hatten. Wenigstens hatte der Regen auch diese dummen Viecher vertrieben!
Hannah hatte eine Idee: «Wir könnten Paul besuchen.» Pauls Zelt war etwas größer als ihres. Vielleicht konnten sie miteinander ein Spiel spielen ...
Lena hatte keine Lust, aber Hannah ließ nicht locker: «Du kannst ja noch den ganzen Nachmittag im Zelt rumhängen und zeichnen.»
Lena seufzte. Wenn Papas Wetter-App sich nicht irrte, dann war das leider wohl wirklich so. Was sollten sie denn bei diesem Wetter sonst machen?

Der Campingplatz war wie leergefegt. Inzwischen hatte sich jeder, wirklich jeder in sein Zelt oder den Wohnwagen zurückgezogen. Lena und Hannah

stapften durch den Regen. Die Wiese war schon ziemlich matschig. Paul war allein und spielte mit einem Jo-Jo. Seine Mutter war gerade einkaufen. Auch er langweilte sich und er war sauer.
«Jetzt hat es zwei Wochen nicht geregnet, warum gerade heute? Das ist einfach fies.»
«Aber ohne Regen geht es nun mal nicht», sagte Hannah, «denk doch an die Pflanzen. Die brauchen das Wasser.»
«Aber morgen ist das Fest!»
«Was für ein Fest?», fragte Lena.
«Das Campingfest! Wir feiern das jedes Jahr. Das ist immer ein riesiger Spaß und sogar die Kinder dürfen bis nach Mitternacht aufbleiben. Alle leisten einen Beitrag und jeder hat etwas aus seiner Heimat dabei: etwas zum Essen, ein Spiel, ein kleines Theaterstück.»
«Da will ich dabei sein!», rief Hannah sofort.
«Das findet aber nur bei schönem Wetter statt.»
«Kann man das denn nicht verschieben?», fragte Hannah.
«Wir sind nur noch drei Tagen hier», erklärte Paul, «das Fest ist jedes Jahr am gleichen Tag und deshalb planen alle ihren Urlaub auch so.»

Lena dachte nach. «Wir sind doch auf einem Campingplatz. Hier gibt es viele Zelte ...» Baute man diese nicht gerade deshalb auf, um bei Regen nicht nass zu werden?

Paul und Hannah begriffen nicht, worauf sie hinauswollte.

«Die Zelte – wir könnten alle zusammenstellen!», erklärte Lena, «dann ergibt sich doch ein großes Zelt.»

Paul schüttelte den Kopf. «Das funktioniert doch nicht. Die Zelte sind unterschiedlich hoch und sie haben ganz unterschiedliche Formen. Da müssten wir schon ein Zirkuszelt aufstellen. Und wo sollen wir das hernehmen?»

«In dem Fall brauchen wir eine riesige Plane», ließ Lena nicht locker. Die konnte man über den ganzen Campingplatz spannen.

Hannah kicherte. «Hast du so etwas schon mal gesehen? Das gibt es doch nicht ...» Sie hatte eine andere Idee: «Und wenn wir statt in einem großen Zelt einfach in mehreren kleinen feiern? Dann verteilen sich alle einfach auf die verschiedenen Zelte. Und in jedem Zelt gibt es eine andere Überraschung.»

Lena nickte. So etwas wäre total spannend! Wenn einen die Musik oder die Deko in einem Zelt langweilte, konnte man einfach ins nächste wechseln.
«Bei uns ist es schon mit vier Personen ziemlich eng», meinte Paul, «und die meisten anderen Zelte sind auch nicht viel größer. Dann sind wir nie alle zusammen. Das klingt auch nicht so prickelnd. Das coole an diesem Fest ist ja, dass sich der ganze Campingplatz trifft und miteinander amüsiert.»
«Warum feiern wir nicht einfach auf einem Schiff?», rief Hannah plötzlich. «Im Hafen haben wir gestern so viele große Schiffe gesehen, die sind auch überdacht ...»
Lenas Gesicht hellte sich auf: Sie feierten auf einem Party-Schiff!
Doch Paul schüttelte den Kopf: «So etwas kostet bestimmt viel Geld. Da müssten wir das Schiff entführen ...»
Jetzt musste Lena grinsen. Ein Schiff entführen? Dann mussten sie wohl gleich auch noch den Kapitän entführen. Es war sicher total schwierig, ein so großes Schiff zu steuern. Sie stellte sich vor, wie die Polizei in einem Boot die Verfolgung aufnahm.
Ob die ein Boot mit Sirene und Blaulicht hatten?

Girl

Als Pauls Mama vom Einkaufen zurückkam, waren die Kinder noch immer ratlos. Sie stellte die Einkäufe auf den Campingtisch. Ihr Regenmantel war klitschnass. Sie freute sich über den Besuch und füllte vier Gläser mit Apfelsaft.

«Dich hat es aber ordentlich erwischt» , meinte sie, als ihr die vielen Pusteln auf Lenas Arm auffielen. Diese schnitt eine Grimasse. «Echt fies! Aber immer nur mich!» Mama, Papa und Hannah hatte es kaum erwischt.

«Hier bist du sicher» , meinte Paul und zeigte auf die Kräutertöpfe, die überall herumstanden, «den Duft von Rosmarin können die Mücken überhaupt nicht ausstehen.»

Hannah blickte erfreut zu Lena: «Habe ich dir nicht gesagt, dass es auch ohne Gifte geht?»

«Paul ist total traurig wegen des Festes», sagte Lena. Besser sie wechselten das Thema, sonst lockten sie erst recht die Mücken an.

«Wenn der Regen bis morgen nicht aufhört, können wir das vergessen», erklärte Paul.

«Oh, das wäre wirklich schade», meinte seine Mama, «Paul hat sich schon so auf den Besuch der Königin gefreut.»

Lena drehte ihren Kopf zu Paul. «Königin?»
Paul nickte.
Hannah machte große Augen, aber Lena ließ sich nicht so schnell von Paul auf den Arm nehmen. Eine Königin? Am Bodensee? So ein Quatsch …
«Paul macht jedes Jahr ein Foto mit der Königin», verriet Pauls Mama, «wir haben schon fünf davon. Auf dem ersten ist Paul noch ganz klein.»
Paul wurde rot.
«Ein Selfie mit der Königin?», fragte Hannah. Sie wusste zwar auch nicht, um welche Königin es sich handelte. Aber ein Foto mit einer Königin? Das klang so oder so nach einer phänomenalen Chance! Da würden in der Schule alle große Augen machen, wenn sie ihnen das nach den Ferien zeigte. «So ein Foto will ich auch!» Sie sah zu Lena. «Das Fest muss stattfinden. Wir müssen uns etwas einfallen lassen.»

MAMAs Überraschung

Lena lief mit ihrem grünen Regenschirm voran. Zum Glück hatte Mama auch den in ihren riesigen Koffer gepackt!

Paul und Hannah folgten ihr dicht auf den Fersen. Sie gingen im Zickzack, weil sie ständig Pfützen ausweichen mussten. Das war besonders für Hannah anstrengend. Pauls Mama hat ihr ihren Regenmantel ausgeliehen, aber der war ihr zu lang und sie musste total aufpassen, dass er nicht den Matsch streifte.

«Wohin gehen wir?», fragte Hannah.

Paul zeigte immer wieder auf die Mappe, die Lena unter dem Arm trug: «Warum hast du die dabei? Was ist da drin?»

Lena drehte sich genervt um und machte: «Pst! Ihr werdet es schon noch rechtzeitig erfahren.»

«Aber hier ist total viel Matsch», ärgerte sich Hannah.

«Willst du das Fest oder nicht?», gab Lena zurück.

Jetzt sagte niemand mehr etwas.

Alle hatten wenig geschlafen, so sehr hatte sie das Fest beschäftigt.

Endlich waren sie am Ziel.

«Aha!», entfuhr es Hannah. «Jetzt checke ich alles.

Warum hast du nicht gleich gesagt, wo wir hingehen?»

«Ich wundere mich selbst, dass mir das nicht gleich eingefallen ist», meinte Lena, «erst nach Mitternacht hat es bei mir Klick gemacht.» Sie ging zum Speisesaal und presste ihre Nase an die Plastikverkleidung. Der Raum war noch immer leer. «Wir feiern hier. Hier ist genügend Platz für alle Leute vom Campingplatz.»

«Aber wir können doch nicht einfach ...», widersprach Hannah.

Paul verstand gar nichts: «Was ist das für ein Haus? Wo sind wir?»

Hannah erzählte, was sie gestern hier erlebt hatten. Paul hörte zu und grinste.

«Da ist sie!», unterbrach Lena die beiden.

Frau Schmitz stand drinnen im Speisesaal. Sie war bereits auf die Kinder aufmerksam geworden. Sie schloss die Tür auf. «Kann ich euch helfen?» Erst da merkte sie, dass sie die beiden Mädchen kannte.

«Wir müssen etwas besprechen», erklärte Lena, «können wir kurz hineinkommen?»

Frau Schmitz sah Lena unsicher an: «Ist etwas mit den Zelten ...?»

Lena lachte. «Nein, mit denen ist alles in Ordnung. Es geht um Ihren Saal.»
Jetzt war Frau Schmitz total verwirrt. Sie bat die Kinder herein.
Der Speiseaal roch nach Farbe.
Lena erzählte von ihrer Idee. Nicht nur Frau Schmitz, auch Paul und Hannah hörten gebannt zu. Aber dann schüttelte Frau Schmitz den Kopf. «Völlig ausgeschlossen. Seht euch doch mal um. Hier herrscht das totale Chaos! Und die Handwerker haben eh schon Verspätung. Eigentlich sollte die Pension in ein paar Tagen fertig sein, aber das kann ich mir jetzt abschminken. Ich kann wirklich keine zusätzliche Aufregung gebrauchen.»
«Aber wäre das Fest nicht auch für Sie eine tolle Gelegenheit, um zu entspannen?», ließ Lena nicht locker, «und die Stimmung tut Ihnen sicher gut!» Sie sah sich um. «Und wir dekorieren alles ganz schön, dann sieht es auch trotz Baustelle gemütlich aus.» Sie öffnete die Mappe.
Frau Schmitz nahm die Zeichnung in die Hand und betrachtete sie stirnrunzelnd. «Wer hat das gezeichnet?»
Lena wurde rot.

«Genau so habe ich mir die Pension vorgestellt!», rief Frau Schmitz erfreut. Auf dem Bild war die Pension von außen zu sehen: Alles frisch renoviert. Rote Fensterläden. Vor dem Haus drei kleine runde Tische und daneben Lenas Highlight: ein Beet mit gelben Rosen. Dann wurde Frau Schmitz auf die zweite Zeichnung in Lenas Mappe aufmerksam. Sie war erst heute morgen fertig geworden. Hannah hatte sie auch noch nicht gesehen.
Auch darauf war die Pension abgebildet, dieses Mal aber nur der Speisesaal und zwar mit ganz vielen Leuten. Alle hielten ein Glas in den Händen, unterhielten sich oder tanzten und sahen fröhlich aus.
«Da sind ja die Zwillinge!», erkannte Paul und gleich darauf entdeckte er noch viele weitere Camping-Freunde.
«So stelle ich mir das Fest vor», erklärte Lena.
Frau Schmitz war ganz in Gedanken versunken.
«Darf ich die Zeichnungen behalten?» Sie deutete auf die leeren Wände. «Ich lasse sie rahmen und hänge sie hier auf.»
Lena strahlte über das ganze Gesicht.
«Das ist wie in einer Ausstellung», sagte Hannah,

«jetzt werden ganz viele Menschen deine Zeichnungen sehen.»
«Die passen einfach super hierher!», freute sich Frau Schmitz.
«Und das Fest ...», meldete sich Paul zu Wort.
Lena wäre ihm am liebsten auf den Fuß getreten. Warum musste er so ungeduldig sein? Sie mussten ganz vorsichtig vorgehen und durften Frau Schmitz auf keinen Fall unter Druck setzen. So etwas funktionierte bei Erwachsenen nie.
Frau Schmitz kratzte sich am Kinn.
«Ein Fest wäre doch eine schöne Sache», sagte Hannah. «Und es lenkt vom Stress ab!»
Frau Schmitz betrachtete den Saal. «Aber wir haben noch gar keine Tische. Und die neuen Fenster kommen auch erst übermorgen.»
«Ach was», rief Paul, «wofür braucht man Fenster? Wer auf dem Campingplatz Ferien macht, fühlt sich sowieso an der frischen Luft viel wohler!»
Lena nickte zustimmend. «Und Tische sind auch nicht notwendig. Wir bringen alles mit und dann ist es fast wie auf dem Campingplatz.»
«So viele Leute, machen die das Chaos hier nicht noch schlimmer?», war Frau Schmitz noch

immer nicht ganz überzeugt.
«Es helfen alle mit und auch um das Aufräumen kümmern wir uns», sagte Paul, «das klappt beim Camping-Fest immer perfekt. Die Verantwortlichen des Campingplatzes reagieren immer total allergisch, wenn irgendwo Müll liegen bleibt.»
Lena nickte zustimmend. Müll in der Natur liegen lassen – wer kam denn auf solche Ideen?
«Sie haben wirklich fast keine Arbeit», betonte Lena.
«Na schön», gab sich Frau Schmitz einen Ruck.
Lena jubelte. Und dann legte sie schon los:
«Wir müssen eine Menge erledigen. Am besten machen wir eine Liste mit allen Aufgaben.»
Hannah zog Lena zur Seite: «Hast du dir das gut überlegt? Ist das nicht viel zu aufwändig?»
Lena seufzte: «Warum machst du es so kompliziert? Das Anti-Müll-Fest, die Koch-Aktion ... hast du das schon vergessen? Da hat doch auch alles bestens geklappt.»
«Das war doch etwas ganz Anderes», meinte Hannah, «bei der Koch-Aktion hat uns Astrid geholfen. Und unsere ganze Klasse hat mitgemacht.»

Paul blickte zwischen den beiden Mädchen hin und her. Wovon sprachen die beiden?
«Und dieses Mal hilft uns der ganze Campingplatz», entgegnete Lena, «Paul hat doch erklärt, wie groß der Zusammenhalt ist. Wenn jeder nur ein bisschen etwas macht, dann haben wir das im Nu geschafft.» Da auch das Hannah nicht ganz überzeugte, ergänzte sie: «Und denk an die Königin vom Bodensee! Du wolltest die doch auch kennenlernen?»
«Die Königin vom Bodensee?», fragte Frau Schmitz völlig erstaunt.
«Wir haben jetzt wirklich keine Zeit für Diskussionen», sagte Paul schnell und tat so, als hätte er die Frage nicht gehört. «Wir müssen den anderen Bescheid geben, damit sie sich vorbereiten können.»

Auf dem Rückweg wollte Paul endlich wissen, wovon die beiden vorhin gesprochen hatten: «Anti-Müll-Fest? Koch-Aktion? Was habt ihr da gemacht?»
Hannah lächelte. «Das ist eine lange Geschichte.» Und dann erzählten beide, was sie schon alles gegen Müll und die Verschwendung von Lebensmitteln unternommen hatten.

«Dann passt es aber ja wirklich gut, dass ihr jetzt auf dem Campingplatz Ferien macht», erwiderte Paul, «wo kann man denn die Natur besser erleben als beim Campen in der Natur?»

Am See wartete Lenas Mama bereits auf sie. Sie war total aufgeregt. «Ich habe gerade einen Anruf bekommen von einer kleinen Pension.» Sie zeigte ans andere Ufer des Sees. Wegen den Wolken war dort nicht viel zu sehen. «In der Nähe von Bregenz. Sie haben ab morgen doch noch etwas für uns frei. Wir packen gleich morgen früh alles zusammen und machen uns auf den Weg. Es ist nicht weit, nur ein paar Minuten mit der Bahn.»
«Was?», riefen die beiden Mädchen gleichzeitig. Sie wollten hier bleiben.
Nein, sie mussten das sogar. Sie konnten Paul jetzt nicht im Stich lassen. Morgen fand doch das Fest statt. Aber wie konnten sie Lenas Mama überzeugen?

DAS SELFIE mit der Königin

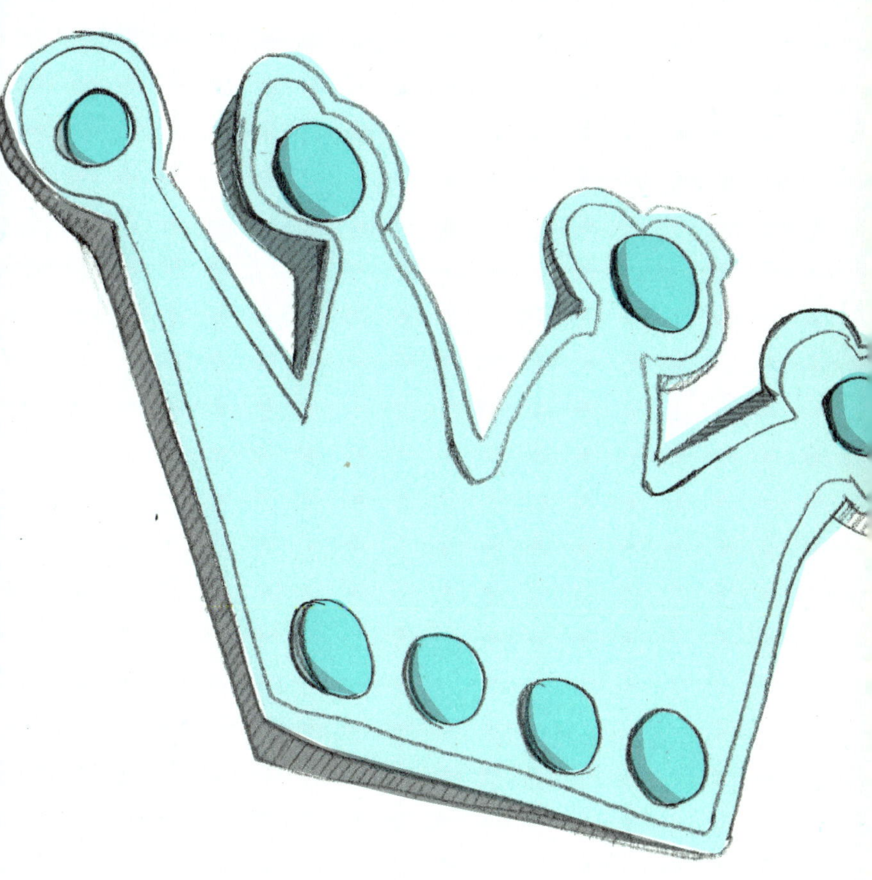

Sich in einem anderen Zelt verstecken.
In die Villa Kunterbunt abhauen und dort untertauchen.
Streiken.
Mama erpressen ...
In Lenas Kopf purzelten die ganze Nacht die Ideen nur so herum. Aber trotzdem fiel ihr bis zum Morgen nichts ein, das sie wirklich überzeugte.
Auch Hannah war früh wach. «Wir könnten mit verstellter Stimme anrufen und sagen, dass die Zimmer doch besetzt sind», schlug sie vor.
Wie sollten sie das anstellen? Sie wussten nicht einmal, wie die Pension hieß und wo sie lag. Mama würde sofort Verdacht schöpfen. Schade, dass Lenas Nachbarin jetzt nicht da war – die hatte immer so gute Ideen! Wie damals, als sie keinen Plan hatten, wie sie Gemüse und Obst retten konnten ...

Es regnete immer noch. Am Ufer tummelten sich nur zwei Enten. Wenigstens sie ließen sich offensichtlich nicht vom trüben Wetter die Laune verderben.
Mama und Papa saßen in ihrem Zelt und tranken Kaffee.

«Warum bleiben wir nicht einfach hier?», sagte Lena zu ihnen. «Das Experiment hat super geklappt. Dir hat es doch auch nicht schlecht gefallen.»
«Ich will endlich wieder in einem richtigen Bett schlafen», entgegnete Mama.
«Da schau!», stupste Hannah sie plötzlich an.
Eine Frau stapfte durch den Regen auf sie zu. War das nicht die Musikerin?
«Paul hat gesagt, dass ich das direkt mit euch besprechen muss», erklärte sie. «Er hat uns gestern erzählt, wo das Fest stattfindet. Und dabei hat er von deinen Zeichnungen vorgeschwärmt. Wäre es möglich, dass du heute Nachmittag eine Zeichnung von unserem Auftritt machst?»
«Klar, kein Problem!», rief Lena, aber dann fiel ihr ein, dass sie dann ja schon in Österreich waren und sie musste leer schlucken.
«Ich will euch nicht vom Frühstück abhalten», sagte die Musikerin, «wir sind wahrscheinlich schon kurz nach dem Mittag dort.» Und weg war sie.
«Wer war das?», wollte Lenas Mama wissen.
«Eine Freundin», sagte Lena.
Doch Mama gab sich damit nicht zufrieden.
«Fest? Zeichnung? Wovon hat sie gesprochen?»

Ein älterer Mann spazierte am Zelt vorbei. «Guten Morgen!», grüßte er sie fröhlich. Lena hatte ihn noch nie gesehen. Doch er schien zu wissen, wer die Mädchen waren. «Ich freue mich auf heute Nachmittag!», rief er. «Jetzt will ich alles hören!», verlangte Lenas Mama, als er außer Hörweite war, «wer sind all die Leute? Und worum geht es?» Lena fing ganz vorne an. Doch sie hatte erst Teil 1 erzählt, als Paul auftauchte: «Kommt schnell mit! Ich habe eine Überraschung für euch!» Er zeigte zu Lenas Eltern. «Sie auch!»

Lenas Mama war so überrumpelt oder vielleicht einfach nur neugierig, dass sie ihm sofort gehorchte. Im Gänsemarsch spazierten sie über den Campingplatz. Überall wurden sie freundlich gegrüßt oder die Leute teilten ihnen mit, dass sie den Nachmittag kaum erwarten konnten.

«Tada!», machte Paul und präsentierte ihnen ein Stück Wiese direkt am Wasser. Es war etwas abseits von den anderen Zelten. «Hier hat ein junges Paar gezeltet, aber die beiden sind heute Morgen abgereist. Es ist der Platz mit der schönsten Aussicht! Und wir waren uns alle einig: Den müsst ihr bekommen. Lena hat ja unser Fest gerettet.»

«Was ist mit dem Liegestuhl?», fragte Lena, «hat den jemand vergessen?»

«Der steht schon seit Wochen da, ihr könnt ihn verwenden.»

Er sah sehr bequem aus. «Schau mal», sagte Lena zu Mama, «da kann man sicher total entspannt lesen.»

Bevor diese widersprechen konnte, ergänzte Hannah: «Sobald das Wetter wieder besser ist, kannst du es dir hier gemütlich machen, deinen Krimi lesen und den Sonnenuntergang

genießen. Das ist doch wunderschön!»
Es gelang den beiden zwar nicht, Mama sofort zu überzeugen. Aber als diese endlich die ganze Geschichte kannte, schien ihr doch nicht ganz wohl dabei zu sein, jetzt gleich auf der Stelle abzureisen. Am Ende war sie schuld daran, dass das Camping-Fest nicht stattfand.
«Okay, dann bleiben wir halt noch eine Nacht», meinte sie, «und wir stellen die Zelte hier auf.»
«Komm!», sagte Lena zu Hannah, «Frau Schmitz wartet bestimmt schon auf uns.» Nicht, dass es sich ihre Mama noch anders überlegte!

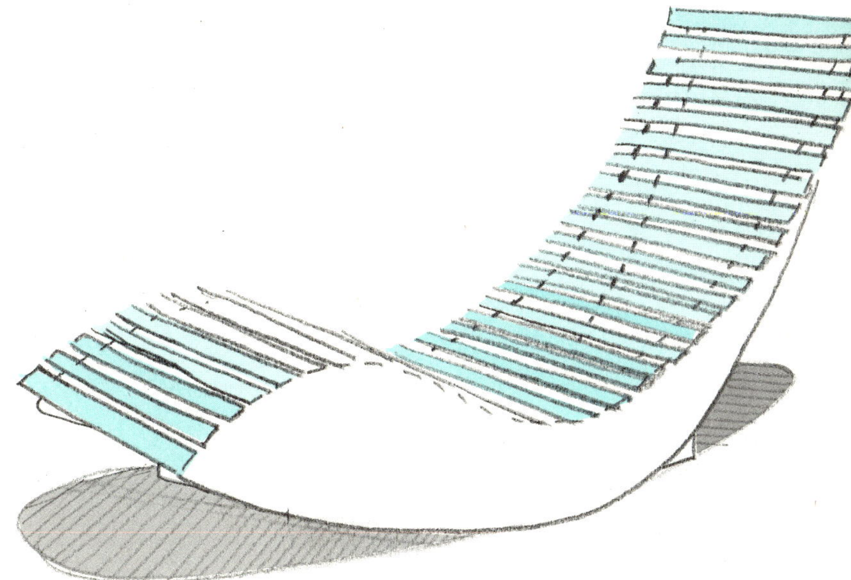

Das Musiker-Paar traf als erstes ein. «Damit schon Musik zu hören ist, wenn die ersten Gäste kommen», sagte die Frau und packte ihre Gitarre aus.
Schon bald tauchten weitere Gäste auf. Nicht lange und der Saal war voller gutgelaunter Menschen. Lenas Eltern kamen als letzte. Sie wirkten etwas unsicher. «Wir kennen ja gar niemanden», sagte Lenas Mama zu Hannah. Und mit Frau Schmitz wollte sie sich nicht abgeben, da ihr die Szene von gestern immer noch etwas peinlich war. Lena führte ihre Eltern zu Pauls Mama. Als Mama deren österreichischen Akzent hörte, war sie sofort hin und weg und wollte alles über das Leben in Wien wissen.
«Diese Stadt ist auch mit dem Nachtzug zu erreichen», meinte Pauls Mama und zwinkerte Lena zu. In dem Fall hatte Paul ihr erzählt, was sie im Nachtzug erlebt hatten.

Die Gäste lauschten der Musik, unterhielten sich miteinander oder erzählten Witze. Man hörte viele verschiedene Sprachen und Dialekte.
«Das würde Herrn Till gefallen», sagte Hannah zu Lena. Alle hatten ihre eigenen Becher mitgebracht.

Jemand hatte die Getränke organisiert, andere hatten sich um die Leckereien gekümmert: Gemüsechips, knackige Äpfel, getrocknete Pflaumen – alles vom Bodensee. Die Gäste konnten es kaum erwarten, ihre Kunststücke vorzuführen: Die Zwillinge sangen ein Lied in ihrem Dialekt, die Kinder der Familie Bernard trugen ein französisches Gedicht vor.

«Das musst du filmen!», raunte Lena Hannah zu, «das können wir dann Herrn Till zeigen und er kann es uns übersetzen.»

Einige Zuhörer waren so gerührt, dass sie Tränen in den Augen hatten. Lena fand aber den dritten Beitrag viel cooler:

Der ältere Herr, den sie schon am Morgen auf dem Zeltplatz gesehen hatten, präsentierte mit seinem Hund ein paar Kunststücke. Der Dackel sprang in die Höhe, rollte sich über den Boden und als Höhepunkt steckte der Mann dem Dackel eine Rose in die Schnauze und dann

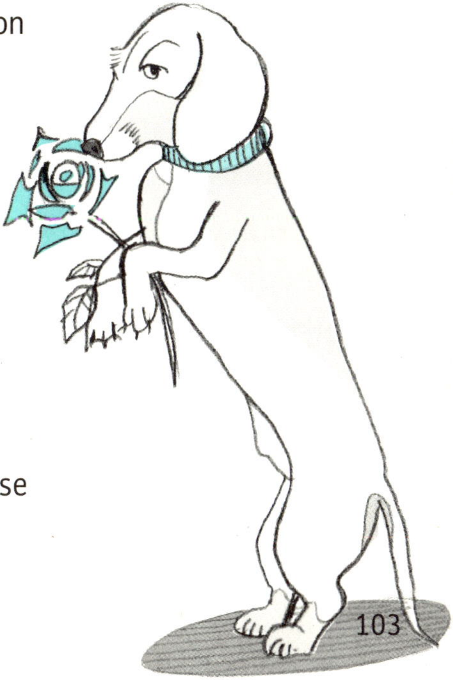

watschelte er damit zu Frau Schmitz. Alle lachten. Frau Schmitz nahm die Rose.
Eine junge Frau in einem grünen Dirndl betrat den Speisesaal. Auf dem Kopf trug sie eine Krone. Sofort drehten sich alle Köpfe zu ihr.
«Die Apfelkönigin!», rief ein Kind.
«Aha, die habt ihr gemeint!», rief Frau Schmitz und sie musste so fest lachen, dass sie fast keine Luft mehr bekam.
Was? Lena schaute völlig verdattert zu Paul. Der grinste nur. «Hier am Bodensee wachsen ganz viele Äpfel. Es gibt fast nirgendwo so viele Sorten wie hier. »
«Etwa zwanzig Sorten!», warf die Apfelkönigin ein.
Paul nickte. „Deshalb wird jedes Jahr eine Apfelkönigin gekrönt. Sie macht Werbung für die Äpfel vom Bodensee.»
Die Apfelkönigin begrüßte die Gäste: «Es wäre natürlich viel schöner gewesen, direkt am See zu feiern. Aber Hauptsache wir feiern gemeinsam. Herzlich willkommen am Bodensee.»
Alle applaudierten und dann begann das Musiker-Duo wieder Musik zu machen. «Jetzt ist Wunschkonzert!», rief die Dame und sofort wurden viele

Wünsche durcheinandergerufen: «Das alte Haus von Rocky Docky», «Champs-Elysee» (ein Wunsch der Familie Bernard), «Cordula Grün», «Die Fischerin vom Bodensee» und ein paar Sommerhits, die in den letzten Jahren rauf- und runtergelaufen waren.

Paul winkte seine Mama herbei, damit sie ihn mit der Apfelkönigin fotografierte. Hannah stupste Lena an: «Komm, ich will auch ein Foto mit ihr.» Aber Paul hatte eine noch viel bessere Idee: «Machen wir doch ein Foto zu viert. Dann haben wir eine gemeinsame Erinnerung.» Sie platzierten sich rund um die Apfelkönigin und grinsten.

«Ohne Lena hätte es dieses Fest nicht gegeben», sagte Paul zur Apfelkönigin und er erzählte, wie sie auf die Idee gekommen waren.

Die junge Frau sah Lena beeindruckt an. «Die Leute können echt froh sein, dass ihr auch auf dem Campingplatz seid.»

«Wohnen Sie auf einem Schloss?», mischte sich Hannah ins Gespräch ein. Jetzt musste die Königin laut lachen. «Nein, in einer ganz normalen Wohnung. Ich bin nur für ein Jahr Königin, dann wird meine Nachfolgerin gewählt.»

Bodensee-Apfelprin
Girl

«Das sind wirklich aufregende Ferien», raunte Hannah Lena zu, «wenn wir in einem Hotel oder einer Pension übernachtet hätten, hätten wir wohl nicht so viele coole Leute kennengelernt.»
Lena biss in einen roten Apfel. In den nächsten Tagen wollte sie aber erst mal einfach nur zeichnen. Zum Beispiel die Äpfel. Vielleicht sogar eine Zeichnung von allen zwanzig Sorten ...

«Das war wirklich cool», meinte Hannah, als sich die ersten wieder auf den Weg zum Campingplatz machten, «hier am Bodensee ist es echt toll.»
«Es ist perfekt hier!», rief Paul.
«Fast perfekt», korrigierte Hannah ihn, «mir fehlen die wilden Tiere. Das ist in Afrika schon noch aufregender.»
«Stimmt ja gar nicht», widersprach Paul, «so etwas kannst du auch hier erleben.»
«Quatsch!», meinte Hannah, «ich meine wilde Tiere wie in Afrika – und nicht Rehe, Frösche oder Igel. Die gibt es auch bei uns zuhause. So richtig wilde Tiere, das wäre cool – und zwar nicht im Zoo, sondern in der freien Wildbahn.»
«Du hast ja keine Ahnung», ließ Paul nicht locker,

«wenn ihr wollt, können wir morgen einen Ausflug zu den wilden Tieren machen.»

Hannah und Lena sahen sich an. Wie meinte er das? War das wieder so ein Witz wie mit der Königin?

«Am Campingplatz kann man Fahrräder ausleihen», sagte Paul. «Wir fahren gleich morgen früh los.»

Er gähnte. «Aber jetzt lege ich mich aufs Ohr.»

Und schon war er weg.

Lena lag lange wach. Sie dachte an das Fest. Sie hatte die witzigen Lieder noch immer im Ohr.

Sie dachte an die Apfelkönigin, die leckeren Äpfel, an den talentierten Dackel. Und die wilden Tiere, von denen Paul erzählt hatte. Welche Tiere konnte es hier am Bodensee schon geben? Da würden wohl nicht nur sie, sondern auch ihre Eltern ziemlich doof aus der Wäsche gucken, wenn plötzlich ein Löwe vor ihrem Zelt stand oder eine Giraffe den Kopf hereinsteckte. Oder was, wenn auf einmal ein Nilpferd aus dem Bodensee stieg?

AFFEN füttern

Noch drei, noch zwei ... Lena trat mit ganzer Kraft in die Pedale. Endlich oben! Dieser Radweg war echt hügelig. Jetzt bog sich Lena weit nach hinten und zog die Beine an. Und zack flitzte sie den Hügel hinunter. Wie lange waren sie schon unterwegs? Paul veräppelte sie – das war klar. Lena hätte um viel gewettet. Wilde Tiere? Sie waren hier am Bodensee und nicht in Afrika oder sonst irgendwo in der Wildnis. Hier wäre es doch schon eine Sensation, wenn ihnen ein Steinbock über den Weg lief. Aber trotzdem war sie so neugierig, dass sie sich auf die Radtour eingelassen hatte.
Unten warteten Paul und Hannah bereits auf sie. Sie hatten ihre Fahrräder abgestellt. Auch Lena stieg vom Rad und sah sich um. Es war ein großer Kiesparkplatz. Doch bis auf vier Autos war er leer.
«Und?», fragte sie, «wo sind sie?»
«Nur ein bisschen Geduld», sagte Paul, «wir müssen in den Wald hinein.»
Lena verschränkte die Arme vor der Brust. Meinte er wirklich, sie machte noch länger bei diesem Spiel mit? Die Fahrt mit dem Rad vom Campingplatz hierher hatte sie ziemlich aus der Puste ge-

bracht. Hannah und Paul verschwanden im Wald. Sie trottete ihnen hinterher. Nicht, dass sie die beiden noch aus den Augen verlor. Am Ende musste sie sich noch alleine auf dem Heimweg machen. Und sie kannte sich hier ja gar nicht aus.

Sie waren ein paar Minuten gegangen, als Hannah plötzlich aufschrie. Der Schrei klang merkwürdig: Eine Mischung aus Schreck und Freude. Das hatte sie bestimmt absichtlich gemacht, um Lena zu täuschen. Wahrscheinlich steckte sie inzwischen mit Paul unter einer Decke! Aber da sah es auch Lena: ein kleiner Affe hüpfte über die Straße direkt auf Hannah zu. Nein, es war sogar noch ein zweiter dabei …
Richtige Affen? Hier?
Ehe sie richtig darüber nachdenken konnte, tauchte auch direkt neben ihr ein kleiner Affe auf und schaute neugierig zu ihr herauf.
«Keine Angst, die tun nichts», beruhigte Paul sie. Er musste lachen. Die Mädchen waren total baff.
«Glaubt ihr mir jetzt?»
«Was ist das?», sagte Lena und zwar ganz leise, als hätte sie Angst, dass sich die Tiere gleich wieder

aus dem Staub machten.
«Wir sind hier auf dem Affenberg», erklärte er.
«Das muss ich fotografieren!», rief Hannah. Sie zog ihr Handy hervor und machte Selfies mit den knuffigen Tieren. «Felix werden die Augen rausfallen ...»
Lena rührte sich noch immer nicht, so sehr staunte sie. «Das ist ja irre.» Und dass die Affen so zutraulich waren! Als würden sie sich über den Besuch freuen.
Warum hatte sie nicht ihre Farbstifte mitgenommen? Am liebsten hätte sie gleich alles festgehalten.
«Es tauchen immer mehr auf», fiel es Hannah auf, «wie viele gibt es denn hier?»
«Etwa zweihundert.»
So viele? Das waren ja fast so viele wie die Kinder an ihrer Schule.
Lena fand die Affen cool, aber etwas beschäftigte sie: «Ist das wirklich normal, dass die hier leben? Fühlen die sich hier überhaupt wohl? Es ist ja ganz anders als in Afrika ...»
«Die Affen stammen aus Marokko und Algerien, das ist in Nordafrika», wusste Paul. Er war hier schon öfter mit seiner Mama gewesen und hatte auch schon an einem Rundgang mit einem Tier-

Girl

pfleger teilgenommen.
Rundgang? Lena grinste. Wenn Papa das hörte …
Der würde sich auf der Stelle dafür anmelden.
Lena entdeckte eine Tafel. Darauf waren ganz viele Informationen abgedruckt. Sie las den anderen vor: «Das Klima in Nordafrika ist gar nicht viel anders als hier am Bodensee. Diese Affenart ist vom Aussterben bedroht. Es gibt weltweit nur noch etwa achttausend Exemplare. Deshalb hat man sie hier angesiedelt.»
Sie spazierten im Wald herum. Immer wieder blieben sie stehen, um zu fotografieren. Paul hatte sogar Popcorn dabei, mit denen sie die Tiere füttern konnten. Lena musste laut kichern, als ihr ein Affe aus der Hand fraß. Wie das kitzelte!
Hannah machte mit dem Handy ein Video davon.
Als sie wieder beim Parkplatz waren, sagte Hannah: «Ich nehme alles zurück. Hier am Bodensee ist es wirklich perfekt. Man kann wilde Tiere erleben und muss dafür nicht einmal in ein Flugzeug steigen.»

Auf dem Rückweg fuhren sie nicht mehr so schnell und sie legten in einer Waldschenke eine Pause ein. Denn alle hatten mächtig Kohldampf. Zum Glück

hatte Lenas Mama ihnen Geld mitgegeben.
«Ich habe Lust auf Pommes!», rief Hannah.
Lena musste an ihre Nachbarin denken. Sie erzählte Hannah und Paul, was die über Pizza und Spaghetti gesagt hatte.
«Das gibt es wirklich überall. Aber hier muss man wirklich keine Pizza essen!», erklärte Paul und drückte Lena die Speisekarte in die Hand. Darauf waren einige Gerichte zu finden, von denen Lena noch nie gehört hatte: «Hier gibt es Schäufele und Maultaschen», las sie laut vor und lachte, «was ist das?»
«Iii», machte Hannah, «das klingt ziemlich merkwürdig.»
«Das schmeckt super!», wusste Paul, «Maultaschen sind gefüllte Teigtaschen. Ein bisschen wie Ravioli.»
Hannah entdeckte noch etwas Anderes: «Kaiserschmarrn.»
Die Mädchen kicherten. Lena musste an die Königin denken, die sie gestern kennengelernt hatten. Hatte auch dieses Gericht mit Äpfeln zu tun?
Paul rieb sich den Bauch. «Kaiserschmarrn gibt es auch bei uns in Wien. Eine leckere Nachspeise,

eine Art warmer, weicher Kuchen mit Rosinen.»
Hannah runzelte die Stirn. Sie konnte sich nicht viel darunter vorstellen und blieb deshalb doch bei den Pommes, Lena bestellte die Maultaschen und Paul einen Kaiserschmarrn.
«Ich habe euch doch gleich gesagt, dass man am Bodensee viel erleben kann», sagte Paul. «Sehen wir uns im nächsten Jahr wieder?»

«Auf jeden Fall!», rief Hannah.
Lena musste grinsen: «Meine Mama hat ja schon für nächstes Jahr zwei Zimmer gebucht.» Aber eigentlich hatte sie viel mehr Lust, im nächsten Sommer wieder mit Hannah gemeinsam im Zelt zu übernachten. Das mussten sie jetzt nur noch irgendwie ihrer Mama beibringen. Aber sie hatten ja ein ganzes Jahr Zeit. Hoffentlich sahen sie dann auch viele der anderen Camper wieder.
«Und nächstes Jahr feiern wir das große Fest dann wieder direkt auf dem Campingplatz», meinte Paul, «da haben wir bestimmt mehr Glück mit dem Wetter.»
Die Kellnerin kam mit einem großen Tablett an ihren Tisch.
Lena biss in ihre Maultaschen. Lecker!
Paul ließ die Mädchen vom Kaiserschmarrn kosten. Jetzt reute es auch Hannah, dass sie Pommes bestellt hatte.
Doch Lena meinte: «Wir sind ja noch ein paar Tage hier. Wir schaffen es bestimmt nochmals hierher.»
Inzwischen war der Himmel wieder wolkenlos. Lena betrachtete den See. Er sah von hier oben einfach wunderschön aus!

«Und jetzt?», fragte Hannah, «was machen wir am Nachmittag?»
«Na, was wohl?», rief Lena, «Tretboot fahren! Und zwar einmal quer über den ganzen See.»

Umweltfreundlich REISEN

MIT KÖPFCHEN DEN KOFFER PACKEN: Nimm nur das mit, was du wirklich benötigst. Denn wenn das Auto, die Bahn oder das Flugzeug schwere Koffer transportieren muss, braucht das mehr Energie und verursacht mehr Abgase.

UNTERWEGS MIT DER BAHN ODER MIT DEM FAHRRAD: Wer mit dem Flugzeug verreist, verursacht eine Menge CO_2. Eine Bahnreise belastet die Umwelt viel weniger. Für weite Strecken empfiehlt sich die Reise mit dem Nachtzug.

UMWELTBEWUSSTE HOTELS: In welcher Pension oder in welchem Hotel übernachtet ihr? Bevor ihr euch für eines entscheidet, informiert euch, ob sie sich für die Umwelt einsetzen.

LOKALE SPEISEN: Genieße am Urlaubsort regionale und saisonale Speisen. Diese Lebensmittel haben nur kurze Transportwege. Zudem lernst du so die Kultur des Urlaubsortes besser kennen.

DIE UMWELT RESPEKTIEREN: Lass auch in den Ferien keinen Müll liegen. Behandle die Tiere vor Ort, aber auch die Einheimischen respektvoll.

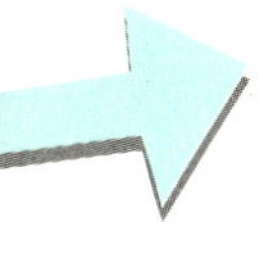

ZEROWASTE: Nehmt eine Trinkflasche mit in den Urlaub. Diese könnt ihr immer wieder auffüllen. So verursacht ihr keinen Müll. Und viele Trinkflasche halten die Getränke kühl!

Autor

Stephan Sigg, geb. 1983, ist in Rheineck – fast direkt am Bodensee – aufgewachsen und lebt heute in St.Gallen (Schweiz). Er ist Theologe, Journalist und Autor. Er schreibt Bücher für Kinder, Jugendliche und Erwachsene.
Er hält oft Lesungen aus seinen Büchern an Schulen im ganzen deutschsprachigen Raum.
Er war schon als Kind oft mit dem Tretboot auf dem Bodensee unterwegs. Seine Großeltern hatten in Bregenz einen Bootsverleih.

www.stephansigg.com

Stephan Sigg / Anna-Katharina Stahl (Illustratorin)

KEIN PLASTIK FÜR DEN WAL

LENA kauft UNVERPACKT

Plastiksäcke, Schuhe, Verpackungsmaterialien: 86 Millionen Tonnen Plastik schwimmt in unseren Meeren – und täglich kommt noch mehr dazu. 626 Kilogramm Abfall produziert jeder Mensch in Deutschland pro Jahr. Das Kinderbuch von Stephan Sigg zeigt in Form einer witzigen Geschichte, was passiert, wenn eine Familie beginnt, auf Plastik zu verzichten, und wie wir uns gegenseitig unterstützen können, ökologischer und nachhaltiger zu leben.

Für Kinder ab 8 Jahren.
ISBN 978-3-96157-092-8
Format: 13 x 20 cm, gebunden, 128 Seiten

Stephan Sigg /
Anna-Katharina Stahl
(Illustratorin)

KEIN ESSEN IN DEN MÜLL

LENA rettet das
KRUMME GEMÜSE

Ein besonderer Schultag für Lena und ihre Klasse: Herr Till nimmt die Schüler zu einem Projekttag auf den Bauernhof mit. Dort gibt es viel zu erleben. Die Klasse entdeckt einen Eimer mit merkwürdigem Inhalt: krumme Möhren und Gurken, Kartoffeln in Herzform und Mini-Äpfel. Wie sieht das denn aus? Alle lachen und amüsieren sich. Doch dann erfahren sie, wie viel Obst und Gemüse weggeworfen wird, weil es nicht perfekt ist. Lena und die anderen sind fassungslos: Sie müssen etwas gegen Foodwaste unternehmen! Dabei entdecken sie nicht nur die Freude am Kochen, sondern wie wichtig das Teilen ist.

Für Kinder ab 8 Jahren.
ISBN 978-3-96157-136-9
Format: 13 x 20 cm, gebunden, 128 Seiten